RÉPLIQUE

DE Me PINET

POUR M. DE MAUBREUIL,

A L'AUDIENCE DE LA COUR ROYALE,

SECTION CORRECTIONNELLE,

LE 29 AVRIL 1827.

Paris,

DE L'IMPRIMERIE DE GUIRAUDET,

RUE SAINT-HONORÉ, No 315.

1827.

RÉPLIQUE

DE Me PINET

POUR M. DE MAUBREUIL.

Les plaintes de M. de Maubreuil, Messieurs, frappent vos oreilles encore une fois, qui sera la dernière. Un zèle ordinaire s'en lasserait peut-être : le vôtre ne se fatigue jamais, soutenu qu'il est par l'humanité, dont la patience, la douceur, sont d'inséparables compagnes. Vous souffrez la diffusion, sachant bien que la douleur est féconde en son langage ; vous oubliez même, ou plutôt vous regardez avec compassion quelques écarts, quelques emportements, suite inévitable d'une position cruelle long-temps prolongée. Celui qui souffrit beaucoup pour un seul et même événement n'est-il pas excusable d'y revenir toujours, d'y ramener sans cesse les autres? Celui qui eut à se plaindre de bien des gens, de bien des choses, est-il grandement à blâmer s'il étend ses plaintes trop loin? Le malheureux enfin qui, pour la tentative de réhabiliter son honneur, se voit précipiter vers une prison qu'il peut regarder comme son tombeau, encourra-t-il l'indignation parce que la modération, la réserve, n'auront pas réglé ses gémissements ?

Mais avant de justifier à la fois ses plaintes et le fait qui l'amène devant vous, lequel se confond avec ses plaintes mêmes; avant de vous rappeler brièvement des malheurs qui vous feront estimer bien haut la faculté de tenir compte des circonstances atténuantes, de la violence des provocations, et même reconnaître qu'il est des souffrances qui, dépassant les forces de l'humanité, affranchissent de toute responsabilité les réactions convulsives de la victime; avant, en un mot, de mettre la décision des premiers juges en présence de votre humanité, je vais signaler dans cette décision une erreur particulière et de détail.

Comment la préméditation y a-t-elle trouvé place? Que M. de Maubreuil ait le cœur profondément et cruellement ulcéré, qu'il aigrisse chaque chaque jour sa blessure, et que ses douleurs croissantes aient suscité le désir, non de se venger de ses persécuteurs, mais bien de les démasquer; qu'il ait entretenu, nourri, la pensée de porter le flambeau de l'opinion publique sur des injustices dont le dernier excès fut précisément qu'on s'efforça de les ensevelir dans l'ombre : c'est ce qu'il dit, c'est ce qu'il répète hautement, c'est ce que j'avoue avec lui sans grande peine; et si c'est là ce qu'on appelle préméditation, ah! Messieurs, je proclame que depuis dix ans au moins M. de Maubreuil est en préméditation. Mais lorsque, s'attachant au sens légal du terme, on lui reproche la résolution fixe et arrêtée d'attaquer de telle manière plutôt que de telle autre, je demande d'où vient cette science de l'accusation, quand Maubreuil à ce sujet ne savait ni ne pouvait rien savoir. Eclater, voilà sa pensée invariable; quand..., comment...., l'occasion en décidera.

Regardez plutôt l'ensemble de sa conduite. Il demande d'abord une explication; il voit de grands personnages, prie, sollicite; ballotté de l'un à l'autre, joué par tous, de la prière il passe aux menaces; et lorsque prières et menaces sont également inutiles, il en vient aux ressources du désespoir que la puissance dédaigne et veut écraser. Il fera donc appel à l'opinion publique; il arrachera l'explication. Comment? par un affront sans doute; mais de quelle nature, écrit, parole, voie de fait, outrage intermédiaire entre la parole et la voie de fait, plus énergique que l'un et que l'autre. Il ne sait. Joindra-t-il son ennemi aux pieds du trône, dans une cérémonie publique, à l'ombre du diadème, ou dans quelque solennité? L'ira-t-il chercher au Luxembourg, aux Tuileries, à Notre-Dame? Son esprit essaie tout, ne s'arrête à rien. Le seul point assuré, c'est que l'idée d'une voie de fait est la dernière à s'offrir. Une voie de fait peut être mal entendue; une voie de fait provoque souvent des poursuites d'une telle amplitude qu'il courrait risque de dépasser le but; une voie de fait contre un vieillard répugne toujours; enfin il est de ces témoins devant lesquels une parole sans plus suffit.

Tandis qu'il flotte incertain parmi tant de pensées orageuses, le 21 janvier appelle aux tristes solennités de Saint-Denis un grand nombre de personnages. Il court à Saint-Denis comme il serait allé aux Tuileries, comme il serait allé à Notre-Dame, comme il serait allé à la séance d'ouverture des chambres, résolu de faire quelque chose sans savoir quoi; il ignore même s'il pourra s'introduire, dans quel moment, jusqu'où il parviendra. Vous savez quelles difficultés il lui fallut vaincre, quel hasard imprévu le favorisa. Il gagne enfin une salle de passage; il y entre dans les anxiétés de l'espérance et de la crainte, avec les angoisses et les palpitations qu'excite l'approche d'un moment décisif. Le voyez-vous comme il est maîtrisé, tourmenté par sa pensée dominante; comme il va et vient du fond de la salle à la haie formée sur le passage. Telle est son agitation qu'elle le fait d'abord remarquer. Le personnage attendu paraît enfin, et l'espace à parcourir n'étant pas long, il ne tardera pas à disparaître. La voilà cette occasion tant souhaitée, tant cherchée; la voilà, elle approche, elle est devant lui; elle le dépasse, elle va s'éloigner, s'enfuir peut-être sans retour. C'est alors que le souvenir de ses maux le presse avec violence; c'est alors que les larmes de sa famille retombent brûlantes sur son cœur déchiré; la pensée de tant d'efforts pour arriver à la conjoncture actuelle, le regret qu'il aurait de n'en pas avoir profité, achèvent de l'animer; le moment actuel l'emporte, et avant même d'avoir délibéré sur ce qu'il doit faire, son bras, parti d'un geste rapide, a provoqué l'explication.

Voilà, Messieurs, la vérité, l'exacte vérité; tout s'est passé ainsi que je le rapporte. J'en appelle à votre bon jugement, à l'excellence de votre esprit, de votre bon sens : dites, est-il possible que les choses se soient passées autrement, d'après de telles dispositions d'esprit, d'après de telles circonstances locales.

Qu'importe qu'il ait avoué la préméditation, qu'il l'ait avouée par écrit, et encore de bouche. M. de Maubreuil a dit, M. de Maubreuil a écrit qu'il avait prémédité; M. de Maubreuil sait-il ce que c'est que préméditation? Je vois qu'interrogé en première instance s'il avait agi de préméditation, il répond en disant : Monsieur, qu'est-ce que la préméditation? Et comme on lui dit que c'est le dessein pris et arrêté à l'avance; comme chez lui la volonté est aussi ancienne que prononcée; que, bien loin de s'en cacher, il désire au contraire qu'on le sache; confondant volonté et préméditation, il répond affirmativement. Je vois aussi que ces révélations, ces publications, dont le besoin le tourmente, pour lesquelles il a tout risqué, sont pressées de se faire jour; que ce qui les entraverait, il le franchit, aimant mieux prévenir la dispute par une concession que retarder en discutant.

Considérez, je vous prie, Messieurs, l'homme paraissant devant vous; jugez l'esprit de sa position. Il a commis un délit, mais dans l'idée de bien faire; il est accusé, mais il s'est fait tel pour en accuser d'autres. Loin de se déguiser, il s'avoue hautement; loin d'éviter les tribunaux, il les recherche; il a faim et soif d'un débat judiciaire; peut-être qu'au besoin il s'inventerait des crimes. A coup sûr s'occuper de sa défense sera le moindre de ses soucis; il s'élancera après l'objet de sa passion, sans s'inquiéter s'il va tomber dans l'abîme. Qu'un témoin comparaisse devant vous suspect d'intérêt à altérer la vérité, vous ne le faites approcher qu'avec circonspection; votre défiance redouble quand il parle dans le sens de son intérêt; la connaissance de sa probité ne vous rassure pas. Eh bien! Messieurs, tel est M. de Maubreuil s'accusant lui-même : il a besoin, désir, je dirais presque devoir de s'accuser. Tout le monde saura ce qu'il a fait, et qu'il l'a fait le voulant faire. Solenniser son action, repousser vivement ce qui l'amoindrirait, voilà son premier soin : volonté, préméditation, tout ce qu'on voudra, il le voudra, parce qu'il veut essentiellement qu'il y ait quelque chose.

Ah! que c'est bien ici le lieu de s'écrier : N'écoutez point l'accusé qui veut périr, *nemo auditur perire volens*. L'accusé devançant les vœux de l'accusation méconnaît si fort l'instinct de la nature, que, s'il n'est aveugle de démence, il doit obéir en esclave à une passion violente qui au besoin tuera la vérité. N'est-ce pas là Maubreuil tout entier, Messieurs, Maubreuil jeté à des extrémités répréhensibles, sans doute, mais par un sentiment connu autant que généreux, que le désespoir a prodigieusement exalté. Le voyez-vous comme il se précipite à son but, sans s'inquiéter du glaive présenté devant lui! Ah! Messieurs, le perdre par sa propre impulsion, ne serait-ce pas en vérité vous rendre complices d'un suicide?

Les premiers juges savaient le procès, et non l'affaire; ils ne virent dans l'action qu'une voie de fait, dans le langage qu'un aveu. Hors de là ils ne comprirent rien. Vous, Messieurs, témoins de plus longs développements, qu'a facilités votre beau caractère dans une haute position sociale, vous abhorrerez, à l'égal du crime, un aveu meurtrier que démentent les faits, un aveu fruit horrible de l'ignorance surprise et de la passion à son comble.

Félicitez-vous aujourd'hui, Messieurs, de cette élévation dans la hiérarchie judiciaire, qui, donnant à l'équité plus d'essor, à vos séances plus de grandeur et de solennité, vous a permis de voir, d'entendre beaucoup de choses, et vous préservera de l'extrême rigueur que, faute du même avantage, les premiers juges, malgré leur humanité, ont mal à propos déployée. Cinq ans de prison pour un soufflet! Mais qu'eussent-ils donc prononcé pour des meurtrissures, pour des coups violents, avec intention de frapper? Ne croyez pas toutefois, Messieurs, que j'aille vous présenter encore le tableau des infortunes de M. de Maubreuil. Ce que les divers incidents ont déroulé à vos yeux, ce que les plaintes éloquentes de Me Germain vous ont révélé, vos propres souvenirs enfin, vous en apprennent assez. Je rappellerai seulement deux ou trois circonstances. Dans les premiers temps des premières poursuites, les tribunaux civils, examen fait de l'affaire, renvoient le procès et l'accusé à la disposition des ministres. Cette décision exécutée est bientôt suivie de l'ordre de mise en liberté, émané des ministres dépositaires de la personne de l'accusé et du droit de statuer. Voilà certes une absolution, si jamais il en fut, et Maubreuil dut légalement compter sur le repos. Mais y a-t-il pour lui des lois, un droit commun? Il ne tardera pas d'être poursuivi, arrêté de nouveau sur le même motif, et jeté dans d'interminables procédures.

Cependant il n'aura pas un moment de calme. Car, fuyant en Belgique, malade et blessé, il y pose à peine le pied qu'il est arrêté; et par qui? par des Français proscrits ainsi que lui. Vainement répète-t-il qu'il est Français comme eux, réfugié comme eux; vainement demande-t-il preuve de son crime : on lui reproche à lui fugitif de n'avoir pas de papiers, à lui blessé de courir à l'assassinat de la famille royale. Vainement encore s'efforce-t-il de paraître devant son souverain abusé : c'est précisément ce qu'on redoute le plus, et la force le repousse du dernier asyle de la justice. Voilà donc que, sans pouvoir légal, sans motif plausible, au mépris des lois de leur pays, sans respect pour celles du pays où ils étaient reçus, insensibles à l'accent de la langue maternelle, à la communauté d'infortunes, méprisant l'invocation du nom du monarque, et tout auprès de sa résidence, des Français retiennent un autre Français dans les fers. C'est alors que le malheureux tourne les yeux du moins, tantôt vers sa patrie, tantôt vers la résidence du souverain dont il venait partager l'exil; c'est alors que, repoussé de ce dernier asyle, il regrette les maux endurés en France, la Préfecture, la Force, l'Abbaye et le plus rigoureux secret; c'est alors que, personne ne répondant à ses cris, même pour l'interroger, sans espoir, sans consolation, ne voyant de moyen d'échapper à ses persécuteurs que d'échapper à la vie, il porte sur lui-même des mains violentes et tombe baigné dans son sang.

O doux nom de la liberté! ô loix sacrées de la sûreté individuelle! n'êtes-vous que chimères, que vaines paroles, quand il sagit de Maubreuil! comment est-il réduit à ce degré de misère qu'il y ait partout gens pour l'accuser, le poursuivre, le détenir, personne pour maintenir les absolutions, le défendre, ou seulement le juger! Sous l'empire d'un monarque régnant par les lois, sur les confins de son royaume, sur le seuil de sa demeure, au mépris d'un acquittement formel, un Français était arrêté par gens sans caractère, détenu dans une auberge, en butte à je ne sais quelle instruction; et tandis qu'il se précipitait lui-même au dernier port que la nature nous ouvrit, l'exil, l'exil vers des régions lointaines et glacées, voilà ce qu'on lui préparait. O rigueur inouïe de sa destinée! fatale mission qui aigrit tout, envenime tout autour de lui, suscite haine et hostilité où l'on a droit de trouver amitié, secours et protection! Jour, jour à jamais funeste et maudit, que celui où il s'approcha du gouvernement provisoire.

Tant de maux cependant n'étaient rien si l'on regarde ce qui l'attendait plus tard : je veux parler de l'arrêt de Douai. Ne craignez point, Messieurs, que, méconnaissant de graves convenances, je conteste à cette décision sa force légale. Je le reconnais une fois pour toutes, cet arrêt, bien que par défaut, demeure, ainsi qu'on l'a dit, un monument judiciaire; j'ajouterai qu'il est environné de la recommandation dont rayonnent individuellement les magistrats qui l'ont rendu. Mais enfin cet arrêt est par défaut, et s'il resta en ébauche, à quoi faut-il s'en prendre, sinon aux longues persécutions qu'avait antérieurement endurées M. de Maubreuil? S'il eût cru sérieusement à l'occasion prochaine de se justifier, n'en doutez point, il serait resté en place. Que voulait-il, que demandait-il depuis quatre ans? Un jugement définitif. Combien de fois cette espérance, éblouissant ses yeux dès les premiers jours du procès, s'était-elle évanouie dans des décisions d'incompétence! A ses cris réitérés *Jugez-moi* on répondait : Nous n'en avons pas le droit. Et cependant les jours, les mois, les années s'écoulaient, et il gardait prison. Quelle confiance eût tenue outre de telles déceptions? La foi due aux acquittements méconnue, une accusation rigoureuse sans juges pour y mettre fin, voilà tout ce qu'il avait trouvé jusque là: pouvait-il sagement ne pas céder à l'occasion, à la tentation peut-être, offerte comme par enchantement, de rompre les liens d'une information éternelle?

Tout fugitif qu'il était, la cour proclama l'injustice de l'imputation relative aux diamants, à ces diamants dont on avait tant fait de bruit. Que fût-il arrivé du reste s'il eût paru, s'il eût paru s'armant des déclarations de M. le comte de Sémallé, qui déposa l'avoir vu apporter les sacs dans la chambre de M. de Vitrolles, comme les caisses avaient été portées ailleurs? N'en doutez pas, Messieurs, le plus grand mal qu'on fit à M. de Maubreuil fut de tarir les sources de sa confiance dans les magistrats. Après l'avoir abreuvé d'humiliations, accablé de tourments, restait de le forcer à désespérer de sa cause, à méconnaître ses juges; de le déterminer à les fuir, et de lui ravir ainsi l'éclatante réparation qu'il eût obtenue s'il l'eût demandée.

Chercherons-nous long-temps et bien loin l'auteur de tant de désastres. Je n'ai pas besoin de le nommer. Ne sont-ils pas là pour le signaler, les ordres signés des ministres et confiés à M. de Maubreuil? Ces moyens d'exécution sans doute ne vinrent pas d'eux-même et spontanément aux mains du mandataire. Qui détermina MM. Anglès, Dupont, Bourrienne, à ces prodigieuses délégations? qui, sinon le président du gouvernement provisoire, seul assez élevé pour donner de pareilles instructions? Ne sont-elles pas là les lettres de Roux-Laborie, les invitations pressantes de ce secrétaire du gouvernement provisoire, secrétaire en même temps de M. de Talleyrand? Ne sont-ils pas là les éléments d'une procédure solennelle, le rapport des deux substituts, le réquisitoire du chef du parquet, le mandat d'amener lancé contre Roux-Laborie? N'est-elle pas là, toute flagrante encore, cette non-comparution de tant de témoins, dont la réticence générale et concertée prouve assez la crainte d'un opprobre commun à tous? Enfin, et à défaut du reste, n'aurions-nous pas l'acte même qui provoque aujourd'hui l'accusation, et qui porte en soi la démonstration du motif? L'homme courant au martyre, Messieurs, pour attester un fait, le scelle du sceau le plus irréfragable.

Au premier tort d'avoir tout provoqué, M. de Talleyrand joignit celui de n'avoir pas prévenu, étouffé les conséquences. Il le pouvait. Le procès d'abord fut une satisfaction envers S. M. l'empereur de Russie. M. de Talleyrand ne put-il aller au-devant du courroux impérial, le calmer par quelques explications, faire entendre qu'un militaire jeune, ardent, chargé dans un temps de révolution de soins compliqués, de recouvrements forcés, ne voyant pas distinctement les limites de son devoir, les avait imprudemment dépassées? Ne put-on à ces excuses, qu'Alexandre eût entendues, ajouter une peine de discipline contre l'officier imprudent? On l'eût sauvé ainsi et sans compromettre personne. Où sont-elles les démarches, les sollicitations dans ce sens? Qu'a-t-on fait, qu'a-t-on dit? qu'a-t-on seulement essayé? Autant on avait été prompt à méditer l'attentat dont on se promettait d'immenses avantages, autant on trouva commode, quand il eut échoué, de rester dans l'ombre. Loin d'obvier à la colère du souverain, on y donna perfidement le change en criant au brigandage contre celui qu'on avait mis en avant, sans s'inquiéter qu'il en fût terrassé, pourvu qu'on restât soi-même tranquille spectateur. On avait chargé Maubreuil du péril d'entreprendre, on le chargea encore des conséquences du revers.

Désavouer, abandonner, trahir celui qu'on a commissionné, sont-ce griefs légers et pardonnables? Une injure dans nos mœurs vaut un soufflet; devant les tribunaux elle l'excuse : que feront d'aussi horribles injustices?

Oui, Messieurs, qu'on dise tant qu'on voudra

que, si d'autres furent criminels en donnant la mission, M. de Maubreuil ne fut pas innocent de l'accepter. D'abord l'assertion est fausse. M. de Maubreuil sut à peine de quoi il s'agissait, qu'il revint aussitôt sur la promesse surprise. Le grand réquisitoire, monument historique dans ce procès, en fait foi. On y voit rappelées, décrites, la résistance de Maubreuil, son horreur du sang, ses scènes violentes avec Roux-Laborie, réclamant en fureur la conclusion stipulée au premier moment; scènes d'un tel résultat que le ministère public en est embarrassé, comme d'une renonciation au complot qu'il poursuit. Qui sait même si tout le crime de Maubreuil ne fut pas dans son repentir aux yeux de ceux que ce repentir déconcertait, couvrait de confusion, qui s'en plaignaient amèrement, et qui durent lui en vouloir à la mort.

Que s'il eut le malheur de fréquenter des sociétés perverses, du moins ne lui reprochera-t-on pas la corruption de la jeunesse, l'abus de l'inexpérience, la spéculation sur l'exaltation du moment et de l'âge, l'égarement adroit et astucieux des plus nobles sentiments, ni d'avoir, en les fanatisant, poussé à des conséquences extrêmes les traditions les plus respectables de dévoûment et de fidélité; on ne lui reprochera pas la surprise, l'aveuglement, l'engagement habilement combiné d'un malheureux séide, pour l'abondonner ensuite, le désavouer, faire plus que l'égorger, en livrant son existence à une condamnation judiciaire. Pour tant d'injustices envers

Maubreuil et sa famille, est-ce trop de représailles qu'une flétrissure qui les fait connaître ?

Cependant, le croirait-on, les auteurs de tant de maux, loin de s'estimer heureux d'en être si facilement quittes, s'agitent encore et veulent cinq ans de prison. Oui, Messieurs, l'expression n'est pas trop forte; je le répète, on veut cinq années de prison. Que signifient ces brochures, ces notes odieuses, illégitimes auxiliaires de la vindicte publique? Que signifie ce réquisitoire de Douai, pièce légale sans doute, mais dont la publication anonyme, extra-judiciaire, quoiqu'à votre audience, signale assez la malignité perfide et soutenue d'un ennemi ? Que signifie cet amas de vieilles calomnies, dont le bon sens avait dès l'origine fait justice, exhumées de nouveau, répandues et agitées, pour offusquer et troubler votre vue par de mensongères vapeurs? Le hasard certainement accumule tant de basses hostilités, comme le hasard aussi rendit naguère M. de Talleyrand et vingt autres rebelles à des mandats de justice. Mais à quoi bon les conjectures? On n'y a pas mis tant de mystère, Messieurs; on a tenu des assemblées, on a délibéré, sollicité ouvertement; peu s'en faut que d'avance on ne se soit vanté du succès.

Qu'en veulent-ils donc faire de ces cinq ans de prison? Le passé nous révèle l'avenir. Les confidences des grands politiques sont parfois un mal dévorant qui consume tant qu'il y trouve matière. Autrefois donc survint une instruction infinie, ensuite l'exil arbitrairement prolongé : aujourd'hui c'est encore la prison; mais on la voudrait une bonne fois pour toutes, de manière à n'y plus revenir. Maubreuil devant vous est inviolable, Messieurs; la même puissance qui l'accuse le protège, et si la condamnation est brève, il n'échappera pour ainsi dire à vos regards qu'en recouvrant la liberté. Mais qu'il ait à disparaître longtemps dans les ténèbres des prisons, en proie à de subalternes agents qu'on retrouve partout sans que leur responsabilité soit nulle part, qui ne savent bien ni ce qu'ils sont, ni à qui ils sont, une maison centrale engloutira les restes de sa vie usée par les chagrins, par les injustices; des travaux pénibles achèveront de l'éteindre. S'il y entre pour cinq ans, Messieurs, le malheureux n'en sortira jamais.

Cinq ans de prison, grand Dieu! quel à-compte sur les destinées humaines! quel pas immense vers le cercueil où nous courons tous! Dans cinq ans, Messieurs, combien d'entre nous auront pour toujours fermé la paupière! Moins qu'aucun autre peut-il, après tant d'épreuves, espérer une aussi longue faveur du ciel? Aurez-vous tout à l'heure cette rigueur, Messieurs, de le condamner à ne plus revoir la lumière?

Dès l'ouverture de ces débats brillèrent ici des vertus qu'on est toujours sûr d'y trouver, mais qui rarement ont d'aussi grandes occasions, l'humanité, l'indépendance, le sens exquis de l'équité.

Vos précédents arrêts, sans nous admettre tout-à-fait, prouvèrent que vous nous entendiez; tout en vous, jusqu'à votre attitude et au son de votre voix, dut toucher M. de Maubreuil, et nous émut nous-même de reconnaissance : Couronnez aujourd'hui votre ouvrage, Messieurs; et que, finissant les longues peines de M. de Maubreuil, votre arrêt flétrisse les méchants, console la morale attristée, et donne à la société un gage de plus de la confiance que chaque jour davantage elle prend en ses magistrats.

PINET, avocat.